은둔형 외톨이 그 조용한 존재의 기록
문 너머의 숨

은둔형 외톨이 그 조용한 존재의 기록
문 너머의 숨

 프롤로그
말 없이 살아낸 시간들을 위한 시

그들은 지금도 조용히 숨 쉬고 있습니다.
세상과 단절된 것이 아니라, 너무 오래 상처받은 채
잠시 멈춰 선 것뿐입니다.

닫힌 문 너머에서 그들은 매일
자신이 사라지지 않았다는 걸 증명하며
조용히 버티고 있습니다.
말하지 않는 것이 무관심이 아니고,
나오지 않는 것이 포기가 아니라는 걸
우리는 이제 알게 되었습니다.

이 책은
그 조용한 사람들의 목소리를 듣기 위한 시도입니다.
우리는 그들을 분석하지도,
바꾸려 들지도 않을 것입니다.
이 시들은 다만 그들이 침묵 속에서 지켜낸 감정,
그들이 흘려보낸 눈빛,
그리고 그들 안에서 겨우 피워낸 희망에 대해
귀를 기울이는 방식입니다.
한 번도 말할 수 없었던 외침,
누군가에게 해롭지 않기 위해 삼킨 말들,

 프롤로그

'괜찮아'라는 말조차 낯설게 느껴질 때
당신이 혼자라는 감각이 너무 커지기 전에
이 시들이 그 곁에 놓여 있기를 바랍니다.

혹시 지금 이 책을 읽고 있는 당신이
그 방 안에 있다면, 기억해 주세요.

우리는 당신을 진단하지 않으며,
당신을 기다릴 준비가 되어 있습니다.

세상과 화해하지 않아도 괜찮고,
다시 나올 용기가 없어도 괜찮습니다.
당신이 존재하는 지금 이 순간,
이미 충분히 살아내고 있다는 사실을
이 시집은 조용히 안아줍니다.

그러니 당신의 속도로
언제든 이 시의 어느 구절에서든
잠시 쉬었다 가도 좋습니다.
우리는 같은 자리에서
말없이 함께할 준비가 되어 있으니까요.

 차례

01 기준 없는 자리

- 말 잘 듣는 인간 되기 프로젝트 14
- 시스템 오류 – 사용자 없음 16
- 정상인 사용설명서 20
- 정상인 사용설명서 (v.1.0.0-beta) 22
- 자기소개서 초안 587번 26
- 자기소개서 초안 588번 28
- 느린 택배 32
- 철새는 여름에만 날지 않는다 34
- 문이 닫혀 있는 이유 38
- 문 앞에서 보내는 편지 40

02 멈출 수 있는 사회

- 정차금지 구역 46
- 내가 내린 곳은 정거장입니다 48
- 실패한 사람 사용법 52
- 다시 작성 중입니다 54
- 용기 제조법 60
- 그물 없이 뛰라는 말 62
- 실패 전환소 66
- 이력서에 쓰지 못한 것들 68
- 문 열림 신청서 1호 72
- 다시 건너는 법 75

03 질문 받지 않는 평화

- 질문이라는 생물 82
- 질문은 종종 말을 잃는다 84
- 말 없이 머무는 법 88
- 조용히, 네 옆에 90
- 설명 없는 존재 94

차례

그 눈빛엔 질문이 없었다 96
말 없는 편지 100
소리를 감싸는 시간 102
배려가 머무는 방 106
그 방은 대답하지 않는다 108

04 '조금'만 연결된 사회

중간 거리의 사람들 114
바람이 지나가는 거리 116
느슨한 끈 120
그림자 실 122
익명의 너에게 126
화면 너머의 등불 128
혼자 있고 싶다는 말 134
혼자라는 이름의 정원 136
지금은 거리를 두고 있지만 140
관계 온도 조절기 142

05 사라지고 싶었던 마음

점점 작아지는 말들 148
연필로 그린 사람 150
나는 설명되어야 한다 154
존재 확인서 156
작은 빛 하나 160
읽힘 알림 1 162
거울이 되어주는 사람 166
이름 없는 시간에도 168
조용히, 그러나 확실하게 172
문 너머 숨... 나는 아직 여기 있다 174

불을 끄고
이불 속으로 진입합니다
작은 숨결로 부팅을 시작합니다
오늘도 나는 조용히 살아 있습니다
세상이 날 인식하지 않아도
나는 아직 꺼지지 않았습니다

-'말 잘 듣는 인간되기 프로젝트' 중에서-

01

기준 없는 자리

은둔형 외톨이 그 조용한 존재의 기록
문 너머의 숨

Hikikomori

"나를 있는 그대로 인정 해주는 사회"

우리가 살아가는 사회는 늘 "무엇이 되어야 한다"고 요구합니다.

"좋은 학교에 가야 해", "취업은 빠를수록 좋아", "남들만큼은 해야지" 같은 말들이 일상처럼 반복됩니다.

이런 문장은 겉으로 보기에는 조언이나 응원처럼 들리는 듯 하지만, 어떤 사람에게는 점점 자신을 억누르는 무게가 되기도 합니다.

특히 은둔형 외톨이들은 이와 같은 반복된 기대와 평가 속에서 '나는 부족하다', '나는 실패했다'는 감정을 깊이 새깁니다.

그들은 단순히 집 밖으로 나가지 않는 사람이 아니라, 지속적인 비교와 기대의 시선에 노출되며 상처받은 사람들입니다.

그 상처는 눈에 보이지 않지만, 마음의 깊은 곳에 각인되어 삶 전체를 움츠리게 합니다.

말 잘 듣는 인간 되기 프로젝트

1단계. 복사하기
　　　좋은 학교에 가야 해
　　　취업은 빠를수록 좋아
　　　남들만큼은 해야지
　　　네. 그렇게 하겠습니다
　　　입력 완료. 저장 중.
　　　나는 사회가 원하는 사람이 되고 있습니다

2단계. 붙여넣기
　　　나는 좋은 학교를
　　　못 갔고요
　　　취업은 아직이고요
　　　남들보다도 느립니다
　　　…에러가 발생했습니다
　　　'무능'이라는 단어가 자동 재생됩니다

3단계. 업데이트 실패
　　　자기계발서를 읽었으나 졸았고
　　　유튜브 강연은 건너뛰었으며
　　　의지는 약간 지쳐있습니다
　　　그런 나를 발견한 누군가가
　　　이렇게 말합니다

"그래도 노력은 해야지."
오, 고맙습니다
도움말 감사합니다
다음엔 그냥 재부팅하겠습니다

4단계. 강제종료
그래서 저는 방에 있습니다
세상이 뭐라고 속삭이든
이불은 조용하거든요
이불은 저를 평가하지 않거든요
이불은 "넌 왜 이래?"라고 묻지 않거든요

시스템 오류 – 사용자 없음

1. 사용자 로그인 실패
    오늘도 시도했지만,
    세상은 나를 인식하지 못했습니다
    "사용자 정보를 찾을 수 없습니다."
    라는 메시지만 남기고
    나는 시스템 밖으로 밀려났습니다

2. 프로필 불일치
    이름: 누구나
    목표: 성공
    취미: 꾸준함
    장점: 자기관리
    → 오류 발생: 나와 일치하는 값이 없습니다
    → 대체 사용자로 전환 중...
    → 전환 실패. 해당 유형 없음.

3. 업데이트 중단됨
    자기계발 알림은 3일째 무시 중이며
    의지는 충전되지 않았고
    자존감은 백그라운드에서 소리 없이 종료되었습니다
    "이제 좀 그만하면 안 돼?"
    팝업이 떴지만 '닫기' 버튼이 없습니다

4. 복원 시도 중...
　　마음의 하드디스크를 스캔합니다
　　'의미 없음', '쓸모 없음'이라는 폴더가 가득합니다
　　삭제하려 했지만
　　"이 파일은 시스템에서 사용 중입니다."
　　삭제 실패. 계속 실행됨.

5. 재부팅 모드 진입
　　불을 끄고
　　이불 속으로 진입합니다
　　작은 숨결로 부팅을 시작합니다
　　오늘도 나는 조용히 살아 있습니다
　　세상이 날 인식하지 않아도
　　나는 아직 꺼지지 않았습니다

Hikikomori

'정상'이라는 틀에 짓눌리는 마음

우리는 종종 '정상적인 삶'이라는 말을 사용합니다. 정해진 진로를 따르고, 사회적 역할을 수행하고, 관계를 유지하며, 스스로를 관리하는 사람을 '정상'이라고 칭합니다.

그러나 이런 기준은 너무 일방적이며, 그 틀에 맞지 않는 사람들을 '문제'로 간주하게 만듭니다.

은둔형 외톨이들은 이 기준에 맞추려 애쓰다 지친 사람들입니다. 노력하지 않아서가 아니라, 너무 많이 애썼기 때문에 멈춘 것입니다.

그들은 한때 다른 사람의 시선을 의식하며 달렸고, 더 이상 버틸 수 없어서 멈추었습니다. 그런데도 사회는 그들을 향해 '왜 포기했냐'고 묻습니다.

이런 물음은 이들에게 또 다른 상처를 줍니다. 왜냐하면 그들은 이미 자신을 포기하지 않기 위해 숨어 있는 중이기 때문입니다.

포기가 아니라 '살기 위한 멈춤', '회복을 위한 숨고르기'일 수 있다는 관점이 필요합니다.

정상인 사용설명서

정상은 말입니다,
정해진 시간에 기상하고
좋은 학력을 보유하고
인사 잘하고
관계 잘 맺고
자기관리도 잘하는 사람입니다

물론 '잘'의 기준은 없습니다
하지만 당신은 지금 '잘'하지 못하고 계십니다
그러므로, 정상이 아닙니다

정상인 매뉴얼 1조 1항.
무기력은 게으름이다
정상인 매뉴얼 1조 2항.
침묵은 무관심이다
정상인 매뉴얼 1조 3항.
혼자는 비정상이다

그래서 말인데요,
당신 지금 뭐 하세요?
왜 멈춰 계세요?
왜 포기했어요?

...응답 없음.

죄송합니다
지금은 정상 모드가 아닙니다
잠시 멈춤 중입니다
정상이 되려다 과열되었습니다
이제는 살기 위해 숨 고르는 중입니다

다음 업데이트 전까지는
이불 속이 가장 안전한 서버입니다
외부 접속은 정중히 사양합니다

재시작 여부는 사용자 본인의
의사와 에너지 충전량에 따라 결정됩니다

그러니 부탁입니다
정상인 매뉴얼 좀
꺼 주세요. 삐------------------------------------

정상인 사용설명서 (v.1.0.0-beta)

[제품명]: 인간(정상형)
[권장 사용 환경]: 고성능 학력, 빠른 취업, 끊기지 않는 미소,
　　　　　　　　완벽한 인간관계
[주의사항]: 과도한 감정표현, 실패, 고립은 오류로 간주됩니다

□ **정상인 매뉴얼 주요 조항 요약**
　1조 1항: 무기력은 게으름이다
　1조 2항: 침묵은 무관심이다
　1조 3항: 혼자는 비정상이다
　2조 1항: 재충전보다 생산성이 우선이다
　3조 4항: 감정 조절 실패 시, 자기계발서를 복용하라

□ **알림**
　지금, 당신은
　"성장 그래프가 정체 중"
　"사회적 패키징 실패"
　"복구 불가한 인간 오류"
　판정을 받았습니다

□ **시스템 권장 조치:**
　"책임은 본인에게 있습니다."
　"노오력 하셨나요?"

"그래도 이불 속에만 있으면 안 되죠."

☐ **현재 사용자 상태:**
응답 없음
정상 모드 진입 실패
자기 회복 모드 가동 중
에너지 충전률: 4%

☐ **안내 문구 출력 중…**
지금은 살기 위한 멈춤 중입니다.
포기가 아니라 생존을 위한 재부팅입니다
정상 모드 업데이트는
"강요가 아닌 기다림"이 있을 때만 시작됩니다

☐ **종료 메시지**
정상은 선택이 아니라 환상입니다
다음 실행 전까지
모든 외부 요청은 자동 거절됩니다
삐— … _ … _ … _

Hikikomori

'있는 그대로'를 허용하지 않는 구조

은둔형 외톨이와 대화를 시도한 많은 전문가들은 공통된 이야기를 전합니다. "그들은 자신을 설명하는 데 굉장히 오래 걸린다"는 점입니다.

왜냐하면, 자신의 상태를 있는 그대로 말해본 적이 거의 없기 때문입니다. 언제나 '이래서 안 돼.', '저래서 문제야.'라는 평가 속에 있어 왔기 때문에, 스스로를 그대로 드러내는 것에 익숙하지 않습니다.

그들이 진정 바라는 것은 '정상적인 사회 복귀'가 아닐 수도 있습니다. 오히려 평가받지 않고 살아갈 수 있는 구조, 속도를 맞춰주지 않아도 되는 관계, 말하지 않아도 기다려주는 태도일지도 모릅니다.

자기소개서 초안 587번

안녕하세요
저는... 음... 그러니까...

제가 왜 이런 상태냐고요?
그게 그러니까... 그러니까...

잠깐만요,
지금 단어를 고르고 있는 중이에요
부족해 보이지 않고
비정상으로 안 들리게
너무 피곤해 보이지도 않고
의지가 없어 보이지 않는 말로요

아, 벌써 시간이 다 되었군요
다음 상담은 2주 뒤예요
그 사이엔 혼자 잘 이겨내야 해요

그러니까… 다시 처음부터 쓰겠습니다
자기소개서 초안 588번

이력 : 방에서 생각 많이 함
성격 : 말 천천히 꺼냄

특기 : 평가받기 싫어함
희망사항 : 아무 말도 안 해도 옆에 있어주는 사람

※ 비고란 –
'왜 이래?'라고 묻지 않는 사람 선호

이건 복귀가 아니라
그냥 살고 싶은 거예요
정상이 되고 싶은 게 아니라
평가 없이 살아보고 싶은 거예요

그리고 사실,
저 지금 말하고 있는 중이에요
조금 느릴 뿐이에요

자기소개서 초안 588번

이력: 방에서 생각 많이 함
성격: 말 천천히 꺼냄
특기: 평가받기 싫어함
희망사항: 아무 말 안 해도 옆에 있어주는 사람

※ 비고란 -
'왜 이래?'라고 묻지 않는 사람 선호

이건 복귀가 아니라
그냥 살고 싶은 거예요

정상이 되고 싶은 게 아니라
그저 존재하고 싶은 겁니다
속도 내지 않아도,
방향 묻지 않아도 되는 삶.

그리고 지금,
사실은 말하고 있는 중이에요
너무 느리게 흘러서
보이지 않을 뿐이에요

말보다 먼저 움직이는 건,
사실… 숨이에요
나는 지금
조용히, 살아가고 있어요

Hikikomori

자기 속도대로 살아갈 수 있는 가능성

'자기 속도대로 살아간다'는 말은 은둔형 외톨이에게 매우 간절한 바람입니다.

이 말은 무책임하거나 무기력하게 살겠다는 선언이 아니라, 자신의 내면 리듬에 맞게 살아갈 권리를 인정받고 싶다는 뜻입니다.

그 권리는 너무도 기본적인 것임에도, 지금의 사회는 이를 허용하지 않습니다.

은둔형 외톨이들이 다시 세상으로 나와야만 회복된다고 말하는 이들에게, 우리는 이렇게 물어볼 수 있어야 합니다.

"그들이 지금 있는 자리에서 회복되고 있다고는 생각해본 적 있나요?"

회복은 반드시 사회적 역할을 다시 수행하는 방식만 있는 것이 아닙니다. 혼자만의 속도로 감정을 회복하고, 타인과의 거리를 조절하며, 아주 작게 세상과 연결되는 것도 중요한 회복입니다.

느린 택배

오늘도 도착하지 못했습니다
'정상적인 삶'이라는 이름의 소포는
계속 배송 중입니다

출발한 지 10년쯤 되었고요
지금 어디쯤인지 아무도 모릅니다
아, 저는 알죠
아직 포장도 못 뜯었거든요

"이쯤 되면 나와야지"
"그래도 사회는 나가야지"

그 말들 들릴 때마다
문을 열었다 닫았다
숨을 쉬었다 참았다
괜찮은 척 하다가
이불 밑으로 피신했습니다

혹시 물어봐 줄 순 없을까요
"지금 거기서 조금씩 나아지고 있지 않니?"
혹은
"그 속도도 괜찮아" 라고

제가 느린 이유는요
멈추고 있었던 게 아니라
회복하고 있었던 거라서요

언젠가는
제가 도착할지도 몰라요
정상적인 삶이 아니더라도
저만의 방향으로요

그때까지는
도착 예정일 없음으로
계속 살아가 보겠습니다

철새는 여름에만 날지 않는다

어느 날,
나는 계절을 놓쳤습니다
사람들은 다 봄꽃을 찍고 있었지만
나는 겨울나무 아래에서
움츠리고 있었습니다

"왜 아직도 거기 있어?"
"이제 좀 날아야지."

나는 철새였던 적도 없는데
계절표를 들이대며
자꾸 날개를 재촉합니다

그러다 문득 깨달았습니다

내가 떠나지 않은 건
용기가 없어서가 아니라
아직 떠날 준비가 안 됐던 것이라는 걸.

지금은 바람이 아닌
숨을 모으는 시간이라는 걸.

날개를 펴지 않아도
나는 살아 있다는 걸.

그래서 이제는
서두르지 않기로 했습니다
누군가 봄에 날아도
나는 여름에 떠나도 괜찮다고.
어쩌면 가을이 더 잘 어울릴지도 모르죠

중요한 건
언제가 아니라,
내가 나로서 떠나는 순간이니까요

철새는
모두 같은 날 떠나지 않습니다
아무도 몰랐던 그 진실이
오늘의 나를
살게 합니다

Hikikomori

닫힌 문 너머의 존재로서 바라보기

우리는 문이 닫혔다는 사실만 보지 말고, 그 문 안에 살고 있는 누군가의 마음을 상상해야 합니다.

그들이 문을 열지 않는 이유는 세상을 거부해서가 아니라, 세상이 나를 거부한다고 느꼈기 때문일 수 있습니다.

그들에게는 말을 걸어오는 손길보다, 말없이 함께 있는 시선이 필요합니다.

그리고 그들을 변화시키기보다, 그들이 스스로 움직일 수 있도록 기다려주는 사회가 필요합니다.

이 장은 그 기다림에 대한 이야기입니다. "너는 지금 있는 그대로 괜찮다"고 말해주는 세계. 강요하지 않고, 정답을 말하지 않으며, 질문하지 않고도 함께 있을 수 있는 관계를 상상하는 세계.

바로 그곳이 은둔형 외톨이들이 바라는 첫 번째 세상입니다.

문이 닫혀 있는 이유

문이 닫혀 있습니다
아무 소리도 없습니다

사람들은 묻습니다
왜 문을 안 여느냐고
왜 밖으로 안 나오느냐고
그 안에서 뭐 하느냐고

그런데요,
그 누구도
문 안에 누가 있는지
물어보진 않네요

그는 세상을 거부한 게 아닙니다
세상이 먼저
그를 밀어냈기 때문일지도요

그래서 그 방은
숨을 고르는 은신처가 되었고
그 문은
아직 닫힌 가능성이 되었습니다

당신이 할 수 있는 일은
노크를 세게 두드리는 게 아니라
그 문 옆에 잠시 앉아주는 것입니다

아무 말도 하지 않고
아무 기대도 하지 않으며
그가 스스로 열 날까지
같이 있어주는 것

그것이면 됩니다

닫힌 문 너머에도
사람이 있습니다
생각이 있고
감정이 있고
아직 꺼지지 않은 희망이 있습니다

그 사람에게
"지금 있는 너도 괜찮아"
그 말 하나 전해줄 수 있다면
그 문은 언젠가
안에서부터
조용히 열릴지도 모릅니다

문 앞에서 보내는 편지

문이 닫혀 있네요
손잡이엔 먼지가 앉고
틈 사이로 빛도 조심스레 들어옵니다

그 문을 본 사람들은
"왜 안 나와?"라고 말하죠
그 안에 무엇이 있는지는
묻지 않은 채.

혹시
그 문은 벽이 아니라
울음 끝에 만든 쉼표일지도 몰라요

혹은
누군가의 상처가 아직
완전히 아물지 않았다는 표시.

그러니 그 문은
당신을 밀어낸 게 아닐 거예요
그저 조금,
세상과 거리를 둔 것뿐일지도요

그래서 저는
그 문을 열려 하지 않기로 했어요
대신,
그 앞에 조용히 앉아 있으려 해요

무언가를 묻지 않고
이해하려 들지 않고
그냥, 당신이 있다는 걸 기억하며.

가끔은
문틈으로 음악을 흘려보낼게요
다정한 리듬으로.

또 어떤 날엔
그냥 말 없이 앉아 있을게요
당신이 스스로 열 날을 기다리며.

닫힌 문도
때론 '준비 중'이라는 뜻이니까요

딸깍.
이건 시작이 아니다
이건 내가 나를 다시 받아들이는 순간이다
그러니까 이건
회복이다

-'문 열림 신청서 1호' 중에서-

02

멈출 수 있는 사회

은둔형 외톨이 그 조용한 존재의 기록
문너머의 숨

Hikikomori

상처로부터의 멈춤

은둔형 외톨이들은 한 번의 실패가 곧 끝이라는 세상을 경험했습니다.

입시에서의 탈락, 취업에서의 좌절, 친구와의 단절, 따돌림, 반복되는 자책과 좌절. 이런 일들이 반복되면서 그들은 점차 세상과의 거리를 두게 되었습니다.

그리고 그 거리에는 단순한 무관심이 아닌, 회복되지 않은 상처의 고요한 기억이 머무르고 있습니다.

'실패'는 누구나 겪는 일이라고 말할 수 있습니다. 하지만 그것이 회복될 수 있는 구조인지, 아니면 하차선 없는 직진 도로인지에 따라 사람의 인생은 전혀 다르게 흘러갑니다.

은둔형 외톨이들이 겪은 실패는 후자의 경우가 많습니다. 멈추는 순간, 그들을 기다려주지 않았던 세상. 다시 돌아갈 길이 닫혀버린 듯한 사회. 이것이 그들을 방 안에 머무르게 만든 현실입니다.

정차금지 구역

실패했습니다
한 번, 두 번, 그 다음은 셀 수 없습니다

시험에서 미끄러졌고
면접장에서 얼었고
친구는 천천히 멀어졌고
내 마음은 아주 빨리 무너졌습니다

그래서 멈췄습니다
그냥 잠시, 서 있으려 했습니다
조금만 숨 돌리고, 조금만 생각하고

그런데 거긴
정차금지 구역이더군요
"늦으면 안 돼"
"지금 멈추면 끝이야"
"다들 힘든 거야, 너만 그러냐"

온갖 경고등이 켜졌습니다
삐-삐-삐
사람 구역이 아닌
속도 구역에 들어와 있었나 봅니다

저는 멈추었고,
세상은 기다려주지 않았습니다

다시 타려 했던 열차는
"회차 없음"이라는 팻말을 달고
지나갔습니다

그리고 저는
길이 아닌
방 안에 앉았습니다

누군가는 말하겠죠
"그건 그냥 포기잖아?"
아니요,
그건 생존이었습니다
상처로부터의
작고 조용한 대피

길 위에서는
그 어떤 구조 요청도
잡히지 않았으니까요

내가 내린 곳은 정거장입니다

나는 갑자기 내렸습니다
어디라고 정해진 것도 없이,
아무도 없는 조용한 곳에서

무슨 일 있냐는 물음에
나는 "아니"라고 했습니다
말이 너무 많으면
정신이 더 어지러워지거든요

내린 그 자리엔
벤치도 없었고,
표지판도 없었지만
나는 알 수 있었습니다

여긴 '정거장'이라고.
다만, 세상에서 그 정거장을
지도에 표시하지 않았을 뿐입니다

멈춘 게 아닙니다
준비 중입니다
다만, 그 준비는
다시 뛰어들기 위한 게 아닐 수도 있습니다

이곳에서
나는 나를 정리하고
조금은 덜 아프게
다시 호흡하는 법을 익히고 있었습니다

지나가는 열차들은
빵빵 경적을 울리며
"왜 안 타?"라고 묻습니다
나는 그 소리에
고개를 돌립니다

나는 아직
어디로 갈지 모릅니다
그렇다고
길을 잃은 건 아닙니다

지금 이곳이
나에게 꼭 필요한
멈춤의 장소이니까요

나는 스스로 정한 이 정거장에서
조용히
그리고 아주 천천히
내 삶의 방향을 그리고 있습니다

Hikikomori

실패의 책임을 개인에게 돌리는 사회

우리는 종종 실패를 개인의 문제로 귀속시킵니다.

"노력이 부족했겠지", "마음이 약한 거야", "그때 조금만 더 했으면 달라졌을 텐데."

이런 말들은 실패한 사람을 더 위축되게 만듭니다.

은둔형 외톨이들도 마찬가지입니다. 그들은 이미 자신을 수없이 책망했고, 이제는 세상이 자신을 '실격 처리'했다고 느끼고 있습니다.

이들에게 필요한 것은 다시 도전 하라고 채근하는 말이 아닙니다.

실패했어도 괜찮다는 말, 그리고 다시 시작할 수 있는 환경입니다. 실패가 곧 낙인이나 낙오가 되지 않는 사회, 다시 시도해도 조롱받지 않는 분위기, 그것이 이들에게 회복의 가능성을 선사합니다.

실패한 사람 사용법

1단계: 원인 분석
　　　"노력 부족"
　　　"멘탈 약함"
　　　"그때 더 했어야지"
　　　당신의 실패는 당신 책임입니다
　　　시스템은 언제나 옳거든요
　　　사용자 오류입니다

2단계: 동기 부여
　　　"너도 할 수 있어!"
　　　"일어나, 다시 뛰자!"
　　　"성공은 포기하지 않는 자의 것"
　　　아주 효과적인 말들입니다
　　　…적어도 말한 사람 기분은 좋아지니까요

3단계: 사회적 처리
　　　실패자는 조용히 사라집니다
　　　말없이, 기록 없이
　　　애초에 없던 사람처럼요
　　　누구도 그를 찾지 않습니다
　　　단지 한두 번
　　　"쟤 요즘 뭐 해?"

하고 말뿐입니다

4단계: 관전
    그는 다시 일어날까요?
    아니면 더 가라앉을까요?
    정답은 관심 없음입니다
    왜냐면 이제 '실패한 사람'으로 태그 되었으니까요

※ **참고사항**
    가끔 누가 묻습니다
    "그 사람, 왜 저렇게 됐어?"
    대답은 간단하죠
    "음… 좀 약했나 봐요"
    그리고 모두 고개를 끄덕입니다

다시 작성 중입니다

실패했어요
맞습니다
그건 부정할 수 없는 사실이에요

그런데요,
실패한 내가
꼭 끝난 사람일까요?

처음엔
제가 잘못한 줄 알았어요
더 버텼어야 했고,
더 씩씩했어야 했고,
더 강했어야 했대요

그래서 저 스스로를
끊임없이 지웠습니다
자기소개서의 문장처럼요
"이 문장은 어색하네요, 삭제."
"이 경력은 부족하네요, 삭제."
"이 감정은 보기 흉하네요, 삭제."

그렇게 지우다 보니
남은 건
공란이었습니다
그 어떤 단어도 들어가지 않는,
비워진 종이.

그런데요,
그 빈 종이를 보다가
이상하게도 조금
숨이 쉬어졌어요

아무것도 쓰지 않아도
혼나지 않는
처음의 공간 같았거든요

그래서 다시
작은 글씨로 써보기로 했습니다
"실패는 나였다."
그리고 바로 밑에
"하지만 그게 전부는 아니다."

이제 나는
내 이야기의 초안을
조금씩 다시 써내려가고 있습니다
정답은 없지만
적어도
사라지지 않은 문장이 있다는 것.

그거면
조금은 괜찮다고 생각합니다

Hikikomori

Hikikomori

'용기'가 아닌 '안전망'

많은 사람들은 은둔형 외톨이에게 이렇게 말합니다.

"용기를 내봐." 하지만 정작 이들이 바라는 것은 용기가 아니라 안전망입니다. 다시 밖으로 나갔을 때 또 실패하더라도 넘어지지 않게 받쳐줄 그물망, 그것이 있어야 비로소 용기를 낼 수 있습니다.

심리학자들은 인간이 새로운 행동을 시도할 수 있는 조건으로 '심리적 안전감'을 강조합니다. 이는 자신이 거절당하거나 비난받지 않을 것이라는 확신이 있어야 행동이 가능하다는 뜻입니다.

은둔형 외톨이에게도 마찬가지입니다.

실패하더라도 받아줄 수 있는 사람, 말없이 곁에 있어줄 누군가, 돌아갈 수 있는 공간. 이 모든 것이 '심리적 안전망'입니다.

용기 제조법

재료를 준비합니다
   - 낙오감 한 스푼
   - 조용한 방 한 칸
   - 실패 기록 3장
   - 반복된 자책 약간

다음으로, 주변에서 한마디씩 더합니다
   - "용기 내봐!"
   - "한 번만 나가면 달라져!"
   - "다들 힘들어, 넌 아직 젊잖아?"

… 잘 섞으면
죄책감이 완성됩니다

"그러게, 나는 왜 못 하지?"
"내가 너무 약한 건가?"
"진짜 한 번만 나가볼까…?"

그리고
두 번째 실패가 도착합니다

넘어졌는데
받아주는 사람은 없고
속으로만 외칩니다

"이게 그 용기였니…?"

용기는요
그물 위에서 하는 묘기예요
바닥이 없는 곳에서는
그저 낙하일 뿐입니다

우리에겐
'다시 시도해도 괜찮다'는 확신
넘어졌을 때 받아주는 팔
돌아갈 수 있는 한 평의 방

그게 먼저 필요합니다
그 다음에야
용기를 꺼낼 수 있어요

아니,
그땐 굳이 용기라고 부르지 않아도
그냥 걸어 나올 수 있을지도 몰라요

그물 없이 뛰라는 말

출발선에 서 있는 나에게
누군가가 등을 떠밀며 말했어요
"뛰어, 용기를 내. 지금이야."

나는 발을 헛디뎠고
추락했습니다.
그리고 그제야 깨달았어요
그 밑엔 그물이 없었다는 걸.

사람들은 말하죠
"넘어져도 다시 일어나면 돼."
하지만 그들은
바닥에서 일어나는 고통이
얼마나 뼈를 깎는 일인지
알지 못합니다

누군가는 낙하를 모험이라 부르고
누군가는 추락을 선택이라 부릅니다
하지만 나는 알고 있어요
안전망 없는 추락은
그냥
사라지는 일이란 걸.

나는 용기가 없었던 게 아닙니다
나는 단지,
받쳐줄 손이 없었던 겁니다
넘어졌을 때 "괜찮다"는 한마디,
돌아가도 되는 작은 방 한 칸,
실패해도 사람이 남아 있는 그곳.

그게 용기의 밑그림입니다

다음엔 이렇게 말해주세요
"혹시 넘어져도 괜찮아.
나는 여기 있을게."

그 말 하나면,
뛰지 않아도
걸어 나올 수 있을지도 모르니까요

그땐 '용기'가 아니라
그저 '내 속도로 살아가는 중'이라고
부르면 됩니다

Hikikomori

실패를 '경험'으로 바꿔주는 사회

실패를 두려움이 아닌 경험으로 바꿔주는 사회는 은둔형 외톨이에게 회복의 기회를 줍니다.

예를 들어, 학교에서 낙오했다고 해도 지역 커뮤니티에서 다시 배움의 기회를 가질 수 있고, 직장에서 적응하지 못했더라도 자치 기반의 일이나 비대면 업무로 연결될 수 있다면 그들은 '다시 살아갈 이유'를 찾을 수 있습니다.

이런 시스템은 단순한 복지 차원을 넘어서, 인간의 삶 전체를 유연하게 바라보는 사회의 태도 변화에서 출발합니다. 완벽하게 적응하지 않아도 괜찮고, 연속적인 경력 없이도 삶을 이어갈 수 있어야 합니다.

그 유연성이 바로 이들이 다시 시도할 수 있는 통로가 됩니다.

실패 전환소

이곳은 실패 전환소입니다
사용하지 않은 실패,
한때 내게 상처였던 실패,
지금은 버려진 듯한 실패들을
'경험'으로 바꿔드립니다

운영 시간은 24시간
예약은 필요 없습니다
다만,
비난은 두고 오셔야 입장 가능합니다

이곳에선 묻지 않습니다
"왜 실패했니?"
"그땐 왜 그랬니?"

대신 이렇게 말합니다
"그 시도, 꽤 멋졌네요"
"이제 어디에 다시 써볼까요?"

입시 실패는
지역 독서 모임 운영 경력으로,
직장 탈락은

프리랜서 프로젝트로 리사이클,
고립된 시간은
정서회복 전문가의 훈련기록으로 변환됩니다

여기선 공백도
경험입니다

우리는
잘 쉬는 것도 능력이라고 말합니다
다시 시작하는 것도 기술이라고 말합니다

이곳에선 완벽하지 않아도
당신은 '기록'으로 남습니다
사라지는 대신,
다시 쓰일 수 있게 됩니다

그리고 어느 날,
당신의 실패가
누군가의 희망 매뉴얼이 되기도 합니다

이력서에 쓰지 못한 것들

입력창이 떴다
[경력 사항을 입력하세요]

나는 한참을 망설이다
커서를 깜빡인다

"2020~2023: 방 안에서 숨 쉬기"
적을까 말까
다시 지운다

면접관은 묻는다
"이 시기엔 뭘 하셨어요?"
나는 대답하고 싶다

"아무도 모르게 울었습니다."
"하루에 한 문장씩 마음을 정리했습니다."
"언젠가 살아야겠다는 마음을 지켰습니다."

하지만
그건 경력이 아니라며
입력 오류가 뜬다

"빈칸을 채워주세요."
"연속된 활동이 없습니다."
"공백 사유를 작성하세요."

그래서 나는
내 이력서 한 켠에
이렇게 작은 메모를 남긴다

'살기 위해 잠시 멈춤'
'다시 시도하기 위한 준비 중'
'보이지 않는 기록 다수 보유'

그리고 나만 아는 구석 노트에
진짜 이력서를 적는다
- 혼자서 감정 정리한 시간: 781일
- 거절당해도 무너지지 않은 일수: 142회
- 다시 말 걸기까지 걸린 용기: 3년

Hikikomori

다시 시도할 수 있다는 믿음

은둔형 외톨이에게 '재도전'은 단순한 행동이 아닙니다.

그것은 존재를 회복하는 행위입니다.

세상은 이들에게 두 번째 기회를 너무 인색하게 줬습니다.

그러나 이제 우리는 실패를 딛고 다시 일어설 수 있는 구조를 설계해야 합니다.

이 장은 그 구조에 대한 이야기입니다.

더디더라도 다시 시도할 수 있고, 실패하더라도 다시 받아주는 사회, 그것이 은둔형 외톨이들이 바라는 두 번째 세상입니다.

문 열림 신청서 1호

상담자: "다시 시도하고 싶으신가요?"
내 안의 목소리: "조금은요. 아주 조금."
상담자: "그러면 첫 번째 문을 열어보겠습니다.
　　　　천천히 하셔도 돼요."

[1문] **마음의 문**
오래 닫아두었다
아무도 두드리지 않아서
내가 나중엔
열 방법도 잊어버렸지
하지만
오늘은 손잡이를 바라본다
잠시
손만 올려본다

"열지 않아도 괜찮습니다.
다만, 열 수 있다는 것만 기억하세요."

[2문] **세상의 문**
나갔다가
미끄러진 적 있다
다시 미끄러질까 봐

신발끈도 못 묶고 있는 나

그런데 이번엔
출입문 옆에 작은 쪽지가 붙어 있다

"실패해도 돌아와도 됩니다.
돌아올 수 있는 방이 남아있어요."

아무도 그런 말
써준 적 없었는데

[3문] **나라는 문**
내가 스스로에게 닫아버린 마지막 문
"넌 못해", "넌 안 돼"
그런 말들로 문고리를 봉인했는데

오늘
문틈으로 햇빛이 들어왔다
그 빛이 이렇게 말하더라

"너 아직 여기 있구나
괜찮아, 존재만으로 충분해"

그날 나는 문을
조금 열었다

딸깍.
이건 시작이 아니다
이건 내가 나를 다시 받아들이는 순간이다
그러니까 이건
회복이다

다시 건너는 법

나는 다리를 불태웠다
사람들이 무심코 건넜던
그 일상이라는 이름의 다리

매일 아침 건너야 했던 다리
'정상'과 '비정상'을 나누던 경계선
나는 어느 날
그 아래로 뛰어내렸다

몸은 무너지지 않았지만
마음은 조용히 가라앉았다
그리고 나는 그 강 아래
오랜 시간
머물러 있었다

사람들은 멀리서 외쳤다
"다시 올라오면 돼!"
"그냥 다시 걸어!"
"다리는 거기 그대로잖아"

하지만
그 누구도 내려와주지 않았고

다리는 나를 위해
조금도 낮아지지 않았다

그래서 나는
내 방식으로 다리를 놓기 시작했다

돌 하나를 조심스럽게 얹고
다음엔 흙을 다지고
그 위에 낙엽을 깔고
그렇게 나만의 속도로
나만의 방향으로
조금씩

누군가 다가와 묻는다
"지금 어디 가는 거예요?"
나는 대답한다

"세상으로요
근데요
이 다리는 제가 놓고 있어요
다리 위에서 숨 돌릴 곳도 있고
실수하면 앉아 있을 공간도 있어요"

완성은 안 되더라도 괜찮다
다리 한가운데까지 가서
멈춰도 된다

그러니까
너는 지금
말하지 않아도 돼

나는 이미
네가 건넨 침묵의 무게를
두 손으로 받고 있으니까

-'말 없는 편지' 중에서-

03 질문 받지 않는 평화

은둔형 외톨이 그 조용한 존재의 기록
문 너머의 숨

Hikikomori

질문의 무게

"왜 학교 안 가?", "왜 밖에 안 나가?", "이제 좀 그만하면 안 돼?"

이 문장들은 걱정의 말처럼 보이지만, 은둔형 외톨이에게는 삿대질처럼 들릴 수 있는 말들입니다.

많은 경우, 질문은 관심을 표현하는 방식이지만, 듣는 이의 상태에 따라 그 자체로 위협이 되기도 합니다.

특히 은둔형 외톨이들은 자기 자신에 대한 판단이 이미 내면화되어 있습니다.

그들에게 질문은 "왜 너는 제대로 살지 못하느냐"는 의미로 전해지기 쉽습니다. 이들이 바라는 것은 해답이 아닌 질문 없는 공간, 말하지 않아도 되는 분위기입니다.

질문이라는 생물

처음엔
작은 말이었습니다
"왜 학교 안 가?"
"요즘 뭐 하고 지내?"
"밖에 좀 나가야지"

말이 짧고
목소리는 부드러웠습니다
하지만 그 말은
언제부턴가 내 방 안까지 들어와
자리 잡았습니다

이름: 질문
종류: 반복형 압박성
특징: 눈빛은 걱정인데,
입은 명령을 하고 있다

처음엔 대답하려 했습니다
두 번 들을 땐 피하고 싶었고
세 번 듣고 나서는
대답보다
숨는 게 더 안전하다고 생각했습니다

그 질문은
답을 원하지 않습니다
정답을 강요합니다

왜 안 나가냐고 묻는 말엔
"나가야만 정상"이라는 선 그음이
들어 있습니다

왜 이렇게 됐냐고 묻는 말엔
"너는 뭔가 잘못했다"는 판결이
숨겨져 있습니다
그래서 나는
말을 잊었습니다
대답하는 법도
내 이름 부르는 소리도

하지만요,
질문이 없는 방에선
가끔 스스로 중얼거릴 수 있더라고요

"오늘은 햇살이 따뜻하네"
"나, 그래도 여기 있어"
그렇게 나는
대답 없이 말할 수 있는 법을
조금씩 기억해 나갑니다

질문은 종종 말을 잃는다

"요즘은 어때?"
"밖에는 좀 나가?"
"왜 학교는 안 가는 거야?"

그 말들은
정답을 몰라서 던져진 것이 아니라
정말로 무엇을 해야 할지 몰라서
던져진 것일지도 모릅니다

걱정은 있는데
표현할 언어가 없어서
사람들은 종종
질문으로 말합니다

그 질문들은 사실
"네가 괜찮은지 알고 싶어"라는 뜻인데
내 귀엔
"왜 제대로 살지 못하니?"로 들렸죠

그래서
나는 문을 닫았고
그들은 어쩔 줄 몰라

문 앞에서 서성였습니다

말을 걸었다가
또 상처를 줄까봐
또 침묵을 맞을까봐
또 나를 미워하게 될까봐

어쩌면
우리는 모두
질문하는 법도,
대답하는 법도

잃어버린 사람들인지도 모르겠습니다
그래서 지금은
질문도
대답도
모두 멈춘 채

같은 방에
같이 앉아 있는 법부터
다시 배워야 하는 시간인지도

Hikikomori

말하지 않아도 함께할 수 있는 관계

은둔형 외톨이의 특성 중 하나는 의사소통의 회피입니다.

이는 게으름이나 무관심이 아닌, 실망과 부정적 경험에 기반한 방어 기제입니다.

말을 건네는 순간 다시 상처를 받을 수도 있다는 두려움은 이들에게 침묵을 선택하게 만듭니다.

따라서 가장 필요한 것은 말을 강요하지 않는 분위기입니다. "지금은 말하지 않아도 괜찮다"고 말해주는 관계, 말 대신 존재 자체로 옆에 있어주는 사람, 그것이 이들의 마음을 열게 하는 첫 번째 열쇠가 됩니다.

질문보다 중요한 것은 함께 있는 시간의 지속성입니다. 물음보다 더 깊은 공감은, 아무 말 없이도 함께 머물 수 있는 감정적 안전지대에서 시작됩니다.

말 없이 머무는 법

어떤 말도
지금은 할 수 없었습니다
왜냐하면
한 마디가 상처였던 적이 많았거든요

"괜찮아?"는
내가 괜찮지 않다는 것을 전제로 했고
"무슨 일이 있었어?"는
그 일을 꺼내야만 하는 부담이었어요

그래서 나는
조용히 숨었습니다
말하지 않기 위해
말할 용기를 쥐어짜지 않기 위해

그런데
그날 당신이 왔죠

아무 말도 하지 않고
문 앞에 앉아
조용히
함께 있어줬습니다

핸드폰을 만지작거리고
컵을 두 번쯤 들었다 놨다가
가만히
그냥 거기 있었습니다

신기하게도
그 시간이 고요하게 나를 풀었습니다
"말하지 않아도 되는구나"
"이 관계는 말로 유지되는 게 아니구나"

그때 처음
침묵이 폭력 같지 않았습니다
침묵이
위로가 될 수도 있다는 걸
배웠습니다

그리고 나는
한 글자씩, 마음속으로
혼잣말을 시작했습니다
"괜찮다고는 못하겠지만…
지금은 조금 따뜻하다고."

조용히, 네 옆에

무슨 말을 꺼내야 할지 몰랐어
무슨 말을 꺼내도
너를 건드릴까봐 두려웠거든

그래서 나는
오늘은 말 대신
의자 하나를 더 끌어왔어

네 방 앞
조용히 놓인 따뜻한 커피처럼
네 눈길 닿지 않는 곳에서
그냥 조용히 숨 쉬었어

너와 나 사이의 공기는
쌓이지도
줄어들지도 않았지만

그 공기 속에
내가 있다는 걸
혹시 너도 눈치챘을까?

사실 나도 말할 준비가 안 됐어
그 침묵이
어쩌면 우리 둘 다
할 수 있는 최선이었는지도 몰라

내가 옆에 있다는 건
네가 곧 말하게 되리란 믿음이 아니야
그저
말하지 않아도 살아갈 수 있기를 바라는 마음이야

혹시 언젠가
너의 입꼬리가 아주 살짝 올라가면
나는 그것을
'답장'이라고 부를 생각이야

그리고 그날은
우리 둘 다 말하지 않은 채
조금은 웃을 수 있을지도 모르겠어

Hikikomori

해석하지 않고 지켜보는 시선

우리는 타인을 바라볼 때 그들의 상황을 해석하려는 습관이 있습니다. "왜 그럴까?", "어떤 사정이 있을까?" 등. 하지만 은둔형 외톨이에게는 그 해석 자체가 부담일 수 있습니다.

때로는 말 없이 바라보는 시선이 훨씬 큰 위로가 됩니다.

상대가 어떤 이유에서 은둔하게 되었든, 그 설명을 들어야만 그 존재를 인정할 수 있다는 전제는 위험합니다.

그들은 설명하지 않아도 존재 그 자체로 충분한 사람입니다.

중요한 건 이해 이전에 수용입니다.

설명 없는 존재

당신이 그 자리에 있다는 것만으로
나는 충분하다고 느낍니다

왜 그런지는 묻지 않을게요
설명하지 않아도 괜찮아요

내가 이해할 수 없어도
당신을 수용할 수는 있어요

모든 고요엔 이유가 있겠지만
나는 굳이 그 이유를 꺼내고 싶지 않아요

그저
지금
여기
당신과 내가 있다는 사실만으로

나는
당신의 온 존재를
지켜볼 준비가 되어 있어요

그게 나의 전부입니다

Hikikomori

그 눈빛엔 질문이 없었다

오늘도 누군가 날 보았다
근데 그 눈엔
'왜?'가 없었다

그 눈빛은
내가 무너진 이유를
캐내려 하지 않았고
내가 멈춘 사정을
해석하려 들지 않았다

마치
말을 배우기 전의 아이처럼
그저 있는 그대로 나를 바라보았다

나를 문제로 여기지 않았고
나를 회복 프로젝트로 만들지도 않았다

그 눈빛엔
"괜찮아"도 없었고
"힘내"도 없었고
"그래도…" 같은 전환어도 없었다

그저
빛 하나 없이도
조용히 머무는 시선

나는 그 앞에서
내 이야기를 준비하지 않아도 되었다
내 슬픔을 감추거나
내 무기력을 포장하지 않아도 되었다

그때 처음 알았다
'지켜본다'와
'지켜준다'는
어쩌면 같은 말일 수도 있다는 걸

그 사람의 눈빛 속에서
나는 설명되지 않아도 되는 존재였다
그래서 나는
비로소
살아 있는 기분이었다

Hikikomori

말의 힘이 아닌 침묵의 힘

질문은 의도를 담고 있는 언어입니다.

때로는 조언, 때로는 걱정, 때로는 비난이기도 합니다. 반면 침묵은 상대의 공간을 침해하지 않으면서도 곁에 있을 수 있는 언어입니다.

은둔형 외톨이에게는 말보다는 침묵의 힘이 더 큰 울림으로 다가갈 수 있습니다.

침묵은 단절이 아니라, 공간을 내어주는 방식의 소통입니다.

"네가 지금은 말하지 않아도 괜찮아."라는 메시지를 보내는 것입니다.

이 침묵은 그 자체로 배려이며, 회복을 위한 여지를 남겨두는 관계의 언어입니다.

말 없는 편지

나는 오늘
아무 말 없이
너에게 편지를 써

단 한 글자도 적지 않고
봉투 안엔 침묵만 넣었어

읽을 수 없는 그 편지가
네게 도착할 때
너는 알게 될 거야

이건 '무시'가 아니라
'배려'로 만든 여백'이라는 걸

너의 말이 준비되기 전까지
나는 기다릴게
입을 여는 것이 아니라
귀를 열고

너의 침묵이 흘러나오는 방향으로
가만히
가만히

앉아 있을게

말은 때때로
너를 꺾었지만
침묵은 너를 껴안을 수 있어

그러니까
너는 지금
말하지 않아도 돼

나는 이미
네가 건넨 침묵의 무게를
두 손으로 받고 있으니까

소리를 감싸는 시간

너와 나는
말을 잊은 사이처럼 앉아 있었다
마치 오래된 나무처럼
서로의 그림자에 기대어

아무 말도 하지 않으니
방 안이 깊어졌다
창밖에서 바람이 지나가고
먼지들이 햇살 속을 헤엄쳤다

그 고요 속에서
나는 처음으로 들을 수 있었다
네가 하지 않은 말들을
그리고
내가 하지 않아도 되는 대답들을

말은
때로 너무 무겁잖아
진심보다 빠르고
의도보다 뾰족해서

하지만 침묵은
우리를 천천히 싸안았지
마치 이불처럼
숨소리까지 감싸며

그때 알았어
사람과 사람 사이에
말이 아니라
'들어줄 준비된 시간'이 필요하다는 걸

그래서 오늘은
아무 말도 없는 우리지만
참 많은 걸
주고받았어

당신은
내가 가장 조용했을 때
가장 크게 다가온 사람이었으니까

Hikikomori

배려가 깃든 공간

은둔형 외톨이가 바라는 세상은 그 자체로 조용한 배려가 깃든 공간입니다. 말하지 않아도, 설명하지 않아도, 조언하지 않아도 함께할 수 있는 세상.

그곳에서는 질문이 아니라 존재가 중심이 됩니다.

이 장은 그런 공간에 대한 상상입니다.

"왜?"라는 질문 대신 "그저 네 옆에 있을게"라고 말해주는 세계. 그들이 침묵 속에서 다시 스스로를 회복할 수 있도록 허락하는 세계.

그것이 은둔형 외톨이들이 바라는 세 번째 세상입니다.

배려가 머무는 방

문은 닫혀 있었지만
그 안엔 따뜻한 숨결이 있었습니다

그 누구도
"왜?"라고 묻지 않았고
그 어떤 말도
내게 판단처럼 다가오지 않았어요

그저
그 방엔 조용한 것들이 있었습니다
소리 내지 않는 조명
책을 넘기다 멈춘 채 펼쳐진 페이지
그리고
누군가가 남긴
"여기 있어도 괜찮아"라는 침묵의 흔적

그 방에선
내가 무엇을 하고 있는지가 아니라
그저 내가 있다는 사실이 중요했어요

말을 하지 않아도
머물 수 있었고

설명하지 않아도
존중받을 수 있었죠

가끔은
머그잔에 따뜻한 차가 채워져 있었고

누군가는
아무 말 없이 내 옆에 앉아
같은 방향을 바라봤습니다

그건 함께였지만
침범은 아니었어요

그건 대화는 없었지만
관계는 있었습니다

그래서 나는 그 방 안에서
서서히
아주 서서히
나를 다시 꺼내기 시작했습니다

밖으로 나가지 않아도
이미 내가
'존재하는 세상'에
닿아 있다는 것을 알게 되었어요

그 방은 대답하지 않는다

그 방엔 문이 있다
닫혀 있고
잠겨 있지도 않다
그냥…
그냥 닫혀 있다

누구는 두드린다
"왜 이렇게 조용해?"
"도움이 필요하잖아?"
"내가 걱정돼서 그래"

하지만 그 방은
대답하지 않는다
대답하지 않는 것도
하나의 권리니까

그런데, 가끔
그런 사람이 찾아온다
묻지 않고
두드리지 않고
그저 문 앞에 잠시 앉는 사람

그 사람은
가끔 조용히
포스트잇 한 장 남긴다
"필요하면 말 걸어줘, 안 그래도 괜찮아"

그 방 안의 사람은
그 쪽지를 읽고도
아무것도 하지 않는다
하지만 그날 밤,
처음으로
창문을 조금 열었다

그 방은
치유의 병실도 아니고
감정의 감옥도 아니다
그저 존재를 인정받는
대답 없는 공간

질문하지 않아도
말하지 않아도
존재가 허용되는 곳
그게
배려라는 이름의
세 번째 세상이다

나는
휘둘리고 싶지 않았을 뿐이야
끌려가지 않고
따라가지 않고
조율되지 않는 관계에서
잠시 벗어나고 싶었어

-'혼자 있고 싶다는 말' 중에서-

04 '조금'만 연결된 사회

은둔형 외톨이 그 조용한 존재의 기록
문 너머의 숨

Hikikomori

"고립과 연결 사이의 균형"

은둔형 외톨이라고 해서 모든 관계를 끊고 싶어하는 것은 아닙니다. 그들은 타인과의 연결을 완전히 포기한 존재가 아니라, 관계로 인해 다쳤던 경험이 있는 사람들입니다.

한때는 사람들과 어울리고 싶었고, 소속되고 싶었지만, 반복된 상처와 실패, 기대에 대한 부담이 그들을 점점 고립으로 몰아넣었습니다.

따라서 이들이 바라는 관계는 전통적인 의미의 밀착된 관계가 아닙니다. 너무 가까워서 숨막히지 않고, 너무 멀어서 고립되지 않는, 그 중간 어딘가의 안전한 거리에서 맺어지는 느슨한 연결입니다.

중간 거리의 사람들

너무 가까이 오면
숨이 막히고

너무 멀리 가면
쓸쓸해진다

그래서 나는
그 어딘가에 있고 싶다

손을 뻗으면
닿을 듯
하지만
서로의 호흡을 침범하지는 않는 거리

말을 하지 않아도
어색하지 않고
침묵이 이어져도
불안하지 않은 거리

그건 우정이라고도
가족이라고도
사랑이라고도

정확히 부르긴 어려운

느슨한 연결

긴장하지 않고
예의는 지키되
감정은 묻어두지 않는 관계

한 번쯤 문 앞에
무언가를 걸어두고 떠나면
다음 날, 말없이 사라져 있는 그런 온도

나는
그 정도의 사람이
곁에 있었으면 좋겠어

서로를 고립시키지 않고
서로를 과하게 끌어안지도 않는

서로의 쉼표가 되어주는 사람

바람이 지나가는 거리

바람은
나뭇잎에 닿을 듯
닿지 않고 스쳐 지나간다

그때 나뭇잎은
흔들리긴 하지만
부러지진 않는다

나는 그런 바람이 좋다
세게 밀지 않고
그저 지나가며
존재를 알려주는 바람

너무 가까운 말들은
내 가지를 꺾은 적이 있다
너무 멀어진 말들은
내 계절을 잊게 만들었다

그래서 나는
지나가는 바람처럼
가볍고도 따뜻한 인연을 그린다

언제든 돌아올 수 있고
언제든 멈출 수 있는
그런 거리

가까우면서도 자유로운
닿지 않아도 연결된
그 거리의 사람

나는 아직도
누군가 그런 식으로
내 옆을 지나가주기를 바란다

말 없이 스쳐가고
필요할 땐 다시 불어오는
바람 한 줄기의 온도로

Hikikomori

'느슨한 연결'의 심리학

심리학자들은 현대 사회에서 '느슨한 유대(Weak tie)'의 중요성을 점점 강조합니다.

밀접한 관계만큼이나, 오히려 느슨하게 연결된 관계들이 정서적 안정, 정보 접근성, 사회적 유연성에서 더 큰 역할을 한다는 연구도 있습니다.

은둔형 외톨이에게 이 '느슨한 연결'은 생존에 가까운 의미를 가질 수 있습니다. 자주 연락하지 않아도 되고, 감정을 낱낱이 공유하지 않아도 되며, 필요할 때 가볍게 접근할 수 있는 관계.

이런 관계는 부담을 주지 않으면서도 고립을 완화해주는 중요한 안전지대가 됩니다.

느슨한 끈

단단히 묶인 끈은
때로 나를 숨 막히게 했고

끊어진 끈은
끝없는 추락처럼 느껴졌다

그래서 나는
느슨한 끈을 택했다

가끔 연락하고
대답이 없어도 서운하지 않은 사람
감정을 다 드러내지 않아도
서로를 지켜보는 관계

그건 고요했고
부담이 없었고
무게도 없었다

하지만
필요할 땐
그 끈이 나를 붙잡아줬다

소리 없이
그물처럼

"괜찮아"라는 말 대신
공유된 링크 하나
아무 의미 없는 짤방 하나
밤늦게 날아온 이모지 하나

그게 나를
혼자가 아니게 했다

그 끈은
나를 옭아매지 않았지만
내가 사라지지 않게 했다

끈은 느슨했지만
의미는 선명했다

그림자 실

가까이에서 손잡지 않아도
어깨를 감싸지 않아도
그림자는 함께 움직인다

빛이 있으면
내 옆에 머무르고
어두워지면
잠시 보이지 않을 뿐이다

나는 그런 그림자 같은 인연을 원한다
말하지 않아도
내가 어디쯤 있는지
대충 짐작할 수 있는 사람

실처럼 가늘지만
쉽게 끊어지지 않고
매듭을 만들지 않아도
풀리지 않는 관계

그 실은
나를 쥐고 있지 않았지만
어딘가 연결되어 있었다

문득 불안해질 때면
누군가에게
"괜찮아?"라고 묻기보다
이모지 하나를 보낸다
파란색 하트 같은 거

그 사람은
"응"도 "왜?"도 없이
노란색 하트를 되돌려준다

그걸로
충분했다

끈끈함이 아닌
느슨함으로 이어진 선들
그게
내가 다시 살아볼 수 있게 하는
가장 안전한 방식이었다

Hikikomori

익명성과 안전한 거리의 힘

은둔형 외톨이들이 선호하는 소통 방식 중 하나는 익명성 보장이 가능한 공간입니다. 온라인 게시판, 비대면 멘토링, 닉네임 기반 커뮤니티 등은 감정적 부담 없이 자신의 존재를 드러낼 수 있게 합니다.

이러한 공간은 '소속되되 침해받지 않는' 환경을 제공합니다.

예컨대, 영상 없이 채팅으로만 대화하는 그룹, 정기 모임이 아닌 선택적 참여가 가능한 모임, 응답을 강요하지 않는 열린 대화방 등.

이 모든 것은 은둔형 외톨이들이 관계의 온도를 스스로 조절할 수 있게 해 줍니다.

익명의 너에게

이름은 몰라도
나는 너를 기억해

밤 2시에
채팅방에 남긴 너의 말
"괜찮다고 해줘"라는
짧은 문장을

나는 이모지 하나로
답했지

그건 말이 아니었지만
누군가 있다는 신호였어

우리는
영상도 없고
실명도 없고
목소리도 모르지만

분명히
서로의 옆자리에 있었지

부담도 없고
기대도 없고
기록도 없는 공간

하지만
그곳은
나를 숨기지 않고도
드러낼 수 있는 유일한 장소였어

나는 말할 수 있었고
말하지 않아도
존재할 수 있었어

그렇게 우리는
서로의 안부를 묻지 않고
서로의 존재를 지켜줬다

익명의 너여
내가 여기 있다는 걸
알아줘서 고마워

이름 없이도
우리는 충분히
함께였어

화면 너머의 등불

늦은 밤
방 안은 조용했지만
화면엔 불빛이 하나 켜져 있었어

익명의 창,
닉네임 하나
사진 없는 프로필 아래
네 글자가 떴지

"누군가 있어요?"

나는 타이핑을 멈췄다가
점 하나 찍었어
그리고 다시
"응, 있어."라고 적었지

우리는 실명을 모르고
사는 동네도 몰라
목소리도
얼굴도
다 비워진 상태

그런데도 이상하게
이야기는 오갔고
기억은 남았어

비대면이라는 말은
가끔 오해를 만들지만
사실 그건
'보지 않고도 곁에 있다는 가능성'이야

카메라가 꺼진 채
누군가는 울었고
누군가는 타자기 소리로 대답했지

우리는 서로의
이름 없는 다정함이었고
침해 없는 연결이었고
부담 없는 온기였어

어쩌면 익명이란
서로를 잃지 않기 위한
가장 조심스러운 방식일지도 몰라

지금도
화면 어딘가
네 작은 불빛이 켜져 있다고 믿고 있어

내가 말하지 않아도
넌 알아줄 거라 생각해
"여기 있어요."

Hikikomori

Hikikomori

'혼자 있고 싶다'는 말의 진짜 의미

은둔형 외톨이가 말하는 "혼자 있고 싶다"는 말은 사실상 "타인에게 휘둘리고 싶지 않다"는 선언에 가깝습니다.

즉, 연결을 원치 않는 것이 아니라, 내가 주도권을 가질 수 있는 방식의 연결을 원한다는 뜻입니다.

그들은 부담이 없는 연결을 통해서라면 조금씩 세상과 다시 엮일 수 있습니다. 마음이 동할 때만 말하고, 필요할 때만 참여하고, 때로는 그저 듣기만 해도 되는 관계.

이러한 유연한 소통 방식은 이들의 회복에 있어 매우 중요한 역할을 합니다.

혼자 있고 싶다는 말

혼자 있고 싶다고 말하면

사람들은 걱정부터 한다
"외로운 거야?"
"마음의 문을 닫은 거야?"

하지만
내가 정말 말하고 싶었던 건
그게 아니었어

나는
휘둘리고 싶지 않았을 뿐이야
끌려가지 않고
따라가지 않고
조율되지 않는 관계에서
잠시 벗어나고 싶었어

내가 말을 꺼낼 타이밍도
대답하지 않을 자유도
참여하지 않아도 미안해하지 않을 권리도
필요했을 뿐이야

그게 나에겐
혼자 있는 것처럼 보이는 회복이었어

나는 정말 혼자인 게 아니야
그저
내가 연결을 선택할 수 있는 순간을 기다리는 중일 뿐이야

혼자라는 이름의 정원

누군가 내게 물었어
"왜 혼자 있으려 해?"
"사람들과 어울리는 게 좋아지는 법인데…"

나는 대답하지 않았어
대신
문을 닫고 조용한 방에 앉았지

그 방은
외로움의 동굴이 아니라
내가 만든 작은 정원이었어

그곳에는
대답하지 않아도 되는 질문이 자라났고
눈치 보지 않아도 되는 시선이 흘렀고
시간이 흐르지 않아도 괜찮은 시계가 있었지

누군가는 그걸
'고립'이라 부르겠지만

나는 안다
그건

'내 속도로 살아가기 위한 멈춤'이었다는 걸

혼자 있고 싶다는 건
떠나겠다는 말이 아니라
내가 선택할 수 있는 순간이 올 때까지
조금만 기다려달라는 신호야

언젠가
내 정원의 문을 열고 나갈 때
나는 누군가에게 이 말을 전할지도 몰라

"나, 혼자였던 게 아니라
나로 돌아가고 있었던 거야."

Hikikomori

감정의 거리를 조절할 수 있는 사회

이들이 바라는 사회는 '관계 없는 세상'이 아닙니다. 감정의 거리를 스스로 조절할 수 있도록 허용해주는 사회입니다. 지나치게 친밀하지 않아도 괜찮고, 너무 고립되지 않게 조금만 연결된 상태로도 괜찮다고 말해주는 사회.

이 장은 그런 사회에 대한 상상입니다.

"지금은 거리를 두고 있지만, 당신이 필요할 땐 여기 있어줄게." 그렇게 말해주는 관계, 그러한 존재들이 있는 곳.

그곳이 은둔형 외톨이들이 바라는 네 번째 세상입니다.

지금은 거리를 두고 있지만

나
지금은,
조금 떨어져 있고 싶어요
가깝게 다가오면
숨이 차요
하지만…
너무 멀어지면
혼자라는 게 너무 선명해져요

당신
괜찮아
지금 네가 필요한 거리만큼만
나는 옆에 있을게

나
내가 아무 말 없이 떠나도
날 미워하지 않을 수 있을까요?

당신
나는 그저
네가 돌아올 수 있는 자리에
등불 하나만 켜놓을게

나
다가가도 될까요?
언제든요?
아무 일 없는 척 해도 될까요?

당신
물론이지
언제든
아무 말도 없이
내 옆에 있어도 돼

그건
너의 템포로 살아가는 방식일 뿐이니까

관계 온도 조절기

우리는
다 같은 온도를 견디지 못합니다

누군가에게는
따뜻한 말 한마디가 위로지만
나에게는
그 말이 숨막힘이 되기도 합니다

그래서
나는 내 손으로
온도를 조절할 수 있으면 좋겠습니다

너와의 거리,
30cm는 조금 덥고
2m는 너무 쓸쓸하고
1.2m쯤이 딱 좋다고
말하지 않아도
알아주는 관계면 좋겠습니다

말을 하지 않아도
'오늘은 조용히 지낼게'라는 신호를
서로 느낄 수 있다면 좋겠습니다

그리고
내가 온도를 조금씩 높일 때
"오, 이제 다시 걸어오고 있구나"라고
말하지 않고
미소로만 맞이해주는 그런 사람

사람 사이에도
온도 조절기가 있다면

그리고
그 리모컨이
각자 손에 쥐어져 있다면

우리는 조금 더
숨 쉴 수 있지 않을까요
가깝지도
멀지도 않게
서로의 템포를 기다려주는 거리

나는 그런 거리에서
비로소 사람 곁에 있을 수 있을 것 같아요

나는
지우개로 지워진 게 아니라
그냥
덜 그려진 채로
남겨졌던 거였어요

-'연필로 그린 사람' 중에서-

05

사라지고 싶었던 마음

은둔형 외톨이 그 조용한 존재의 기록
문 너머의 숨

Hikikomori

존재하고 싶다는 뜻이었다

은둔형 외톨이들이 방 안에서 문을 닫고 살아가는 이유는 단순한 회피가 아닙니다.

그들 안에는 하나의 깊은 인식이 자리 잡고 있습니다. 바로 "나는 사회에 필요 없는 존재다"라는 믿음입니다.

이 감정은 단순한 외로움이 아니라 존재의 무가치함에 대한 내면화된 결론입니다.

무언가에 실패하고, 누구에게도 선택받지 못하고, 어디에도 속하지 못했을 때, 사람은 자신이 무의미하다고 느끼게 됩니다.

특히 은둔형 외톨이들은 오랜 시간 동안 역할을 수행하지 못했다는 이유로 무능감과 역할 상실감에 시달립니다.

점점 작아지는 말들

나는 괜찮다고 말했다
사실은 아니었지만
누구도 듣고 싶어 하지 않을 것 같아서

나는 여기에 있다고 말했다
하지만 아무도 대답하지 않자
곧 말하지 않게 되었다

나는 필요 없는 사람이라고 생각했다
그리고 그 생각은
점점 내 안의 진실이 되었다

누구의 이름에도
내 이름이 없었고
어느 자리에도
내 자리는 없었기에

나는 점점
작은 말이 되었다
작은 숨이 되었다
작은 그림자가 되었다

그리고 언젠가
존재하지 않는 사람이 되었다고
믿게 되었다

연필로 그린 사람

처음엔 진했어요
진한 선으로 그려진 사람 같았죠
말도 또렷했고
웃음도 분명했어요

그런데
조금씩 희미해졌어요
실패 하나,
혼남 하나,
무시 한 번,
그리고 혼잣말 한 줄

지울 수는 없었지만
덧그릴 수도 없던 감정들이
나를 흐리게 만들었어요

하루, 이틀 지나
나는 물 먹은 연필 선처럼
농도가 옅어졌고

어느 날
누군가 내 자리를 물었을 때

"그 사람, 요즘 안 보여"
그 말 한마디에
나는 마침표처럼 작아졌어요

나는
지우개로 지워진 게 아니라
그냥
덜 그려진 채로
남겨졌던 거였어요

그리고 지금
나는 선 하나 없는
빈 칸입니다

누군가 다시
선을 그어줄 때까지

나는
기다리고 있습니다
사라졌으나,
완전히 사라지지 않은 채로

Hikikomori

존재감의 단절이 주는 고통

사회는 대부분의 사람들에게 일정한 '역할'을 요구합니다.

 학생, 직장인, 자녀, 친구. 그런데 이 역할 중 어느 하나도 온전히 수행할 수 없다고 느껴질 때, 사람은 자신이 '쓸모없는 존재'로 여겨지기 쉽습니다.

은둔형 외톨이들은 이러한 사회적 역할의 바깥에서 살아가고 있습니다. 그래서 그들은 어느 순간부터 '존재하는 것'조차 설명해야 할 것 같은 부담을 느낍니다.

존재가 설명되지 않는 삶, 이것은 고립보다 더 고통스러운 감정입니다.

나는 설명되어야 한다

나는 학생이 아니고
직장인도 아니고
자녀 역할도 못했고
친구 노릇도 힘들었고

그래서 나는
이름이 아니라
해명이 되었다

"왜 집에 있어요?"
"뭐 하면서 지내요?"
"언제까지 이럴 거예요?"

나는
존재를 숨기지 않았는데
존재를 이해받지 못했다

설명해야만 존재가 되는 삶
이건 존재가 아니라
정당화다

나는 그냥
여기에 있을 수는 없을까
입을 열지 않아도
숨만 쉬어도 되는
존재가 될 순 없을까

아무 일 하지 않아도
그냥 있는 것만으로
충분한 사람이 될 수 없을까

존재 확인서

성명: - - - - - - - -
        설명 중입니다

생년월일: - - - - - - - - - - - - - -
        그 시절을 기억할 자신이 없습니다

직업: - - - - - - - - - - - - - - -
        무소속 인간 / 자격 미보유자

관계 상태: - - - - - -
        응답 보류 중

최근 6개월 활동 내역: - -
        문 안에서 걱정
        침대 위에서 자책
        핸드폰 속 익명 위로
        방 안의 숨

사회적 역할 수행 여부:
        ☐ 학생
        ☐ 직장인
        ☐ 자녀
        ☐ 친구
        ☐ 없음

존재 이유를 간단히 서술하시오: -
        ...이 항목은 비워두겠습니다

왜 여기에 있나요?
　　몰라서가 아니라
　　설명하고 싶지 않아서요

계속 이럴 건가요?
　　그 '이럴'의 기준부터
　　너무 낯설어요

하고 싶은 말:
　　내가 여기 있다는 걸
　　증명하지 않아도 되는 날이
　　올 수 있을까요?

Hikikomori

단 하나의 연결이 가진 힘

하지만 이들 대부분이 삶을 완전히 포기하지 않는 이유는, 아주 작은 가능성을 붙잡고 있기 때문입니다.

예를 들어, 익명의 게시판에서 자신의 글이 누군가에게 위로가 되었다는 사실, 혼잣말처럼 남긴 말이 누군가의 공감을 얻었다는 경험, 이런 단 하나의 상호작용이 자기 존재의 의미를 복원하는 실마리가 됩니다.

"나 때문에 누군가가 조금은 괜찮아졌다는 사실", 그것은 곧 "나는 아직 의미 있는 존재일 수 있다"는 희망으로 연결됩니다.

그 연결이 세상으로 다시 나올 수 있는 작은 문이 됩니다.

작은 빛 하나

말을 걸지 않아도 좋았다
그저 누군가가
내가 남긴 흔적을
한 줄 읽어준다는 것만으로도

혼잣말처럼 흘려 쓴 문장이
어딘가에서
누군가의 마음에 닿았다는 걸 알았을 때

나는 처음으로
조금 살아 있어도 괜찮다고 느꼈다

보이지 않는 그 연결 하나가
문이 되었다
벽만 가득했던 내 안에
작은 틈이 생겼다

"나 때문에 조금은 괜찮아졌어요."
그 말이
나를 다시 의미 있는 사람으로 만들었다

거창한 이해도
무거운 조언도 아니었다
그저
작은 연결 하나
그게 내가 다시
세상으로 나올 수 있었던
첫 번째 이유였다

읽힘 알림 1

밤 2시
익명의 게시판에
한 줄 남겼다

"그냥 좀... 버거운 하루였어요"

누구도 보지 않을 거라 생각했고
기대도 없었다

그런데
조용히 숫자 하나가 떴다

✉ 1 읽음
그 한 번의 '읽힘'
아무 말도 없었지만
나는 알았다

누군가
지나가다
잠깐
내 마음을 보았다는 것을

별일 아닐 수 있지만
내겐
아주 큰 숨이었다

이름도 얼굴도 모르는
그 눈동자 하나가
내가 사라지지 않았다는 걸
증명해주었다

그날 이후
나는 가끔
한 줄씩 남긴다

읽히지 않아도
괜찮지만
혹시 또 누가

✉1
그 숫자를 띄워준다면
그걸로 나는
조금씩
돌아오는 중일지도 모른다

Hikikomori

역할이 아닌 '존재의 가치'에 대한 회복

이들에게 중요한 것은 사회적 역할을 회복하는 것이 아닙니다.

오히려 역할 이전에 존재 자체가 누군가에게 가치 있다는 경험이 필요합니다.

그것은 성과나 능력과는 무관합니다.

'누군가의 말에 귀 기울였다', '공감했다', '잠시라도 함께 있어줬다', 이 모든 경험은 작지만 강한 존재감의 회복을 만들어냅니다.

특히 서로의 고립을 공감할 수 있는 사람들끼리의 연결은 매우 중요합니다.

같은 경험을 가진 사람에게는 굳이 설명하지 않아도 통하는 정서가 있고, 그 안에서 서로가 서로에게 거울이 되어줄 수 있습니다.

거울이 되어주는 사람

누군가 내게
아무 말 없이
곁에 있어 준 적이 있다

그 사람은
내가 어떤 역할을 하지 않아도
나를
그저 사람으로 보았다

그날 처음
나는 성과가 없어도
존재할 수 있구나
하는 마음을 배웠다

그리고 얼마 후
또 다른 누군가가
말없이 울고 있을 때
나도 그 옆에
그냥 앉아 있었다

그 순간
나는 위로를 준 것이 아니라

나도 다시 위로받았다

거울은 빛을 내지 않지만
빛을 다시 비춘다

나와 같은 상처를 가진 사람들과의 연결은
그렇게 서로를
작고 따뜻한
존재로
다시 일으켜 세운다

이름 없는 시간에도

누구도 나를
부르지 않던 시절이 있었다

출석도 없고
일정도 없고
누군가의 기대도 없는 시간

나는 그 시간을
'소멸'이라고 불렀다

하지만

그때 내게
말 없이 앉아 준 한 사람이 있었다
그는 내게 이렇게 말했다

"넌
아무 역할을 하지 않아도
충분히 있어."

그 말은
문장이 아니라
존재 자체로 왔다

그의 존재는
내가 이름 없이 있던 시간을
다시 '살았던 시간'으로 바꿔주었다

그 이후
누군가 내 옆에서
말 없이 앉아 있을 때면

나는
그 사람에게 말을 건네지 않고
작은 숨결 하나를
내어준다

그건 '도움'이 아니라
그때 그 사람이 나에게 준 것처럼
'존재의 확인'이다

우리의 삶은
역할이 끊긴 순간에
비로소 서로를 본다

우리는 거기서
서로를
거울 없이도 알아본다

Hikikomori

나도 누군가에게는 의미 있는 존재일 수 있다는 믿음

세상은 자격 있는 사람만이 기여할 수 있다고 생각하지만, 사실은 누구나 누군가의 회복에 영향을 줄 수 있는 존재입니다.

은둔형 외톨이도 마찬가지입니다.

그들의 조용한 글, 그들의 경험이 담긴 말, 그들의 존재 자체가 누군가에게는 위로와 힘이 됩니다.

이 장은 그런 믿음에 대한 이야기입니다.

"나는 여전히 의미 있는 존재일 수 있다"는 감각. 그 감각이 사라지지 않도록, 작은 연결을 존중해주는 세상.

쓸모 없는 존재는 없다고 말해주는 다섯 번째 세상. 그곳이 은둔형 외톨이들이 바라는 또 하나의 세계입니다.

조용히, 그러나 확실하게

나는 한동안
세상에서 멀리 떨어져 있었다

아무도 나를 찾지 않는 것 같았고
나조차도
나를 잃은 줄 알았다

하지만
완전히 사라진 건 아니었다

어디에도 적혀 있지 않았지만
누구에게도 불리지 않았지만

나는
여전히 살아 있었다

말 한마디 없는 하루에도
나는 내 안에서
천천히 견디고 있었다

그리고 아주 가끔,
내가 남긴 조용한 무언가가

누군가의 마음에 닿는 것을 느낄 때

나는 알게 되었다

빛나지 않아도
작지 않아도
한 번도 제대로 일어나지 못해도

나는
의미 있는 존재일 수 있다는 것

누군가에겐
내 고요함이
위로일 수 있다는 것

지금 이 순간에도
나는 여전히
세상 안에
존재하고 있다는 것

문 너머 숨... 나는 아직 여기 있다

누구도 내게
기다렸다고 말해주지 않았다

나는 오랜 시간
그 누구의 목록에도 없었고
불리지도, 필요로 되지도 않았다

그런데도
나는 매일 아침
숨을 쉬었다

어떤 날은
아무 감정 없이
어떤 날은
무너진 마음을 쓸어 올리며

세상이 요구하는
그 모든 것에서 탈락했지만

나는
나의 하루를
그 누구보다 치열하게 버텼다

어느 날,
한 문장 아래 달린 공감 하나
익명 속에서 날아온 짧은 이모티콘 하나가

내 안에서
무너져가던 이름을
다시 부르기 시작했다

"나는 아직 여기 있다"

아무 역할이 없어도
목표가 없어도
누구의 기대도 없더라도

그럼에도

나는 누군가의
고요한 아침이었을 수 있고
어쩌면 누군가의
저녁을 지탱한 그림자였을 수도 있다

이름 없이 존재했던 시간이
쓸모 없는 시간이 아니었다는 것을

나는 안다
지금, 여기서, 조용히

나는 여전히
의미 있는 존재로
살고 있다

그러니 이제
내 안의 숨이
다시 문 너머로
흘러나갈 준비를 한다

작고 느린 숨결이지만
분명히 살아 있는 숨결로

나는 아직 여기 있다 …

Hikikomori

Hikikomori

감사의 말

작은 시 한 줄이
세상과 마음을 잇는 다리가 되기를 바라는 길 위에서,
함께 걸어주신 분들께 깊은 감사를 드립니다.

은둔의 그늘 속에 머무른 마음들을
따뜻한 눈빛으로 바라보며
연구의 길을 함께 밝혀주신 고양연구원 문정화 박사님,
그리고 언제나 든든한 울타리로 지지해 주신
고양연구원 김현호 원장님,
두 분의 응원은 제 여정의 큰 힘이 되었습니다.

학문과 삶의 길목마다
늘 지혜로운 말씀으로 길을 열어주신
중부대학교 나경은 교수님,
그리고 매 순간을 동행하며 웃음과 고민을 나누어 준
LDBD연구실의 소중한 동료들,
여러분의 존재가 있었기에
오늘의 발걸음이 더욱 단단해졌습니다.

이 시집이 누군가의 마음에 작은 위로가 되고,
은둔형 외톨이에 대한 세상의 이해와
따뜻한 시선으로 이어지기를 소망합니다.

은둔형 외톨이 그 조용한 존재의 기록

문 너머의 숨

1판 1쇄 발행 2025년 11월 3일

지 은 이	최봉은 (rainsun78@naver.com)
펴 낸 이	최봉은 (rainsun78@naver.com)
디 자 인	남연정 (youn704.nam@gmail.com)
펴 낸 곳	위드클라우드
출판등록	제406-2019-000082호
등록일자	2019년 7월 30일
주 소	경기도 파주시 능안로 37 한라 113-1001
I S B N	979-11-970240-5-4
정 가	18,000원

이 책은 저작권법에 따라 보호받는 저작물이므로 무단 전제와 복제를 금하며 이책의 전부 또는 일부를 이용하려면 저작권자와 위드클라우드의 서면 동의를 받아야 합니다.